流すだけで
運気が上昇する
魔法のCDブック

音・環境プロデューサー
大橋 智夫

ビジネス社

プロローグ……音と運気の不思議な関係

みなさん、こんにちは。

京都で、音の不思議な性格を研究している大橋と申します。さて、本書に添付しましたCDに収められている音は、単なる「癒し」音ではありません。

これは、私が水琴窟《すいきんくつ》の原理を応用して創作した「水琴《みずごと》」という、ちょっと特別な音です。その音をシャワーのようにただ浴びるだけで、プラスのエネルギーが全身にゆっくりと満ちて、いつの間にかあなたを幸運体質に変えてしまうという、実に不思議な音です。

なぜ、水琴を聴くだけで、あなたの運気が上昇するのか？

その理由は後ほど詳しく説明しますが、私が長年に亘《わた》って探訪してきた音に関する研究の結果、そのポイントは大きく二つあることがわかりました。

一つは、水琴のような自然界の音には、エネルギーを増幅させる高周波が含まれているということ。

もう一つは、私たち人間を形づくっている細胞の一つひとつが、音を聴くことでその高周波と同調して共振し、体の中で「共鳴し合う」ということです。


あとは、特にコントロールしなくても、幸運の扉が開かれます。

プラスのエネルギーに満ちたあなたは、同じように高いエネルギーの人と出会うようになり、プラスの出来事を引き寄せ、プラスの連鎖を起こせるようになるのです。


「そんなに簡単に幸運がやってくるなんてあり得ない」

そう思うかもしれません。

それもそのはずです。あなたが暮らしている住空間には、本当の幸せを運んでくれる音が、極度に少なくなっているのですから。

幸せを運んでくれる音を阻《はば》んでいるのは、あなたのまわりでいつも聞こえている荒々しい車の音、たくさんの人がすれ違う雑踏の音、携帯電話の着信音、あるいはエアコンのモーターなどの周波数の低い大量の音であり、それらの音に、自然界にある高周波のバイブレーションが消されてしまうのです。

低周波の音は、想像以上に、私たちの心と体に負荷をかけているのです。

本書のCDに収められた水琴は、そんな普段の生活で溜まったストレスを「浄化」させ（＝「星・STAR」トラック1）、心と体を生来のニュートラルな状態に戻し（＝「月・MOON」トラック2）、プラスのエネルギーを与える（＝「日・SUN」トラック3）という三つの流れで構成されます。

ぜひ、この音を軽い気持ちで浴びながら、本書をお読みください。

音を聴くだけで幸運をつかむ。そんな魔法のような音の世界を、これからご紹介します。私たちの心と体は、音のチカラを借りて、いとも簡単に、無限とも言える自然のチカラを取り戻すことが出来るのです。

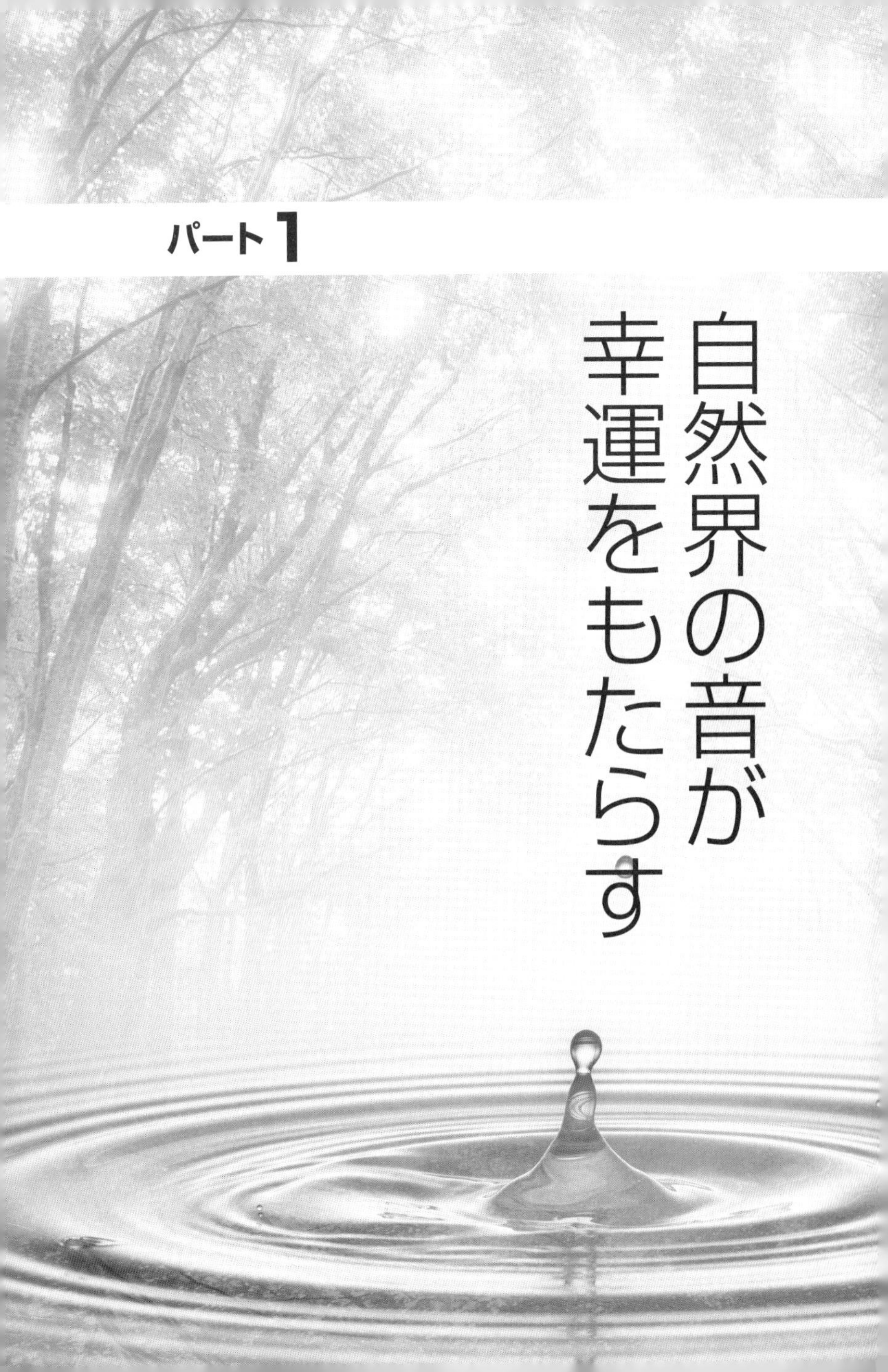

パート1

自然界の音が幸運をもたらす

自然界の音の持つチカラ

自然界には、魅力的な音があちこちに散らばっています。

たとえば、原生林に行って音を録音し、その周波数帯域を調べると、今あなたが暮らしている街の音とはまったく違った音が響いていることがわかります。川のせせらぎ、鳥の鳴き声、虫の音…。自然界には「高周波」と呼ばれる、高音で周波数の高い音があふれています。

周波数というのは、通常、低音から高音に向かって高くなっていきますが、都市に比べると自然界には、高周波がより多く含まれています。

そしてこの高周波が、実は大変なチカラを持っているのです。

音セラピーなどで知られる篠原佳年先生は、著書『奇跡の聴覚セラピー』（ＰＨＰ研究所）で、「高周波の音は脳を活性化する」と述べています。以下、大事な部分を引用します。

「高い音（高周波）を聴くとアルファ波（リラックスした気持ちのよい状態のときに、後頭部から出る脳波）の活性が高まり、心身ともにリラックスできることが、最近の実験で明らかになりました。音に対する反応は、その瞬間、瞬間で終わるものだと考えられてきましたが、少なくとも高周波については、高周波が消えても、アルファ波はすぐには消えずゆっくりと覚めていく……。ちょうどお酒を飲んだときと同じような現象が見られました」

そして、高周波のエネルギーシャワーが、全身の細胞を活性化させるだけでなく、その活性を持続させると書いておられます。

自然界にある高周波の音は、はるか昔、私たち人間の祖先が森で暮らしていたころに得ていたエネルギーを、今でも与え続けています。しかしながら、現代に生きる私たちの耳には、それが届きにくくなっているのです。なぜかと言えば、音には、大きな音が小さな音を隠すという性質があるからです。

街の音は、いわゆる「人間がつくった音」ですから、人間の耳に聴こえる音、

つまり、人間の声に近いところの「可《か》聴域《ちょういき》」と呼ばれる音、または、それより低い音で構成されています。たとえば、換気扇の音、冷蔵庫の音、エアコンの音など、何がしかの単純な連続するモーター音で出来ていることがほとんどです。

生活が便利になるにつれて、こうした街の音が増えているのも現実です。それゆえ、自然界の高周波の音が、かき消されてしまったというわけです。

そのことが原因で、私たちに届かなくなったものがもう一つあります。

それは、自然の法則が織り成す「心

地よいゆらぎ」です。

自然界の音には必ず、この要素が含まれています。

その根源的なものは、天体の動きでしょう。自然界には、さまざまな「パターン」が存在していますが、太陽が東から昇って西へ沈む現象は、地球という星が生まれたときから続いているのではないかと思われる一つのパターンです。

しかし、その軌道や傾斜に微妙なズレが含まれていることは、ご存知の通り。三六五日で一年間が終わり、次の同じ一年間へとつながる長いサイクルのパターンにも、そうした「ふらつき＝ゆらぎ」があるのです。

自然界に満ちあふれている音のパターンは、すべて心地よいゆらぎを内包しています。一見同じように聞こえる鈴虫の「リーン、リーン」という音にも、「サラサラ」と流れる水のせせらぎにも、ほんのわずかなズレがあり、それは高周波と同様、自然界にあふれる癒しの源の一つなのです。

私たちは、こうした心地よいゆらぎを無意識に感じる瞬間、自然と一体化し、心と体をリラックスすることが出来るのです。

もちろん、心地よいゆらぎは私たちの体内にもあります。人間が生きている間、ずっと動き続ける心臓の音。ドキドキドキと脈打つ鼓動です。

人間も自然の一部です。鼓動が「ドクン」と脈打つたびに、さまざまな筋肉が収縮し、血液が流れます。私たちは日々、命を刻んでいますが、そのパターンにも心地よいゆらぎが存在しているわけです。

鳥の鳴き声を聞いて気持ちがいいなあと思うのは、あなた自身も自然の一部であり、自然界の音に触れること＝心地よいゆらぎのあるリズムに触れること、だからなんですね。

私たちがかつて聞いていた「羊水の音」

あなたが昔、といっても、あなたの記憶にはないずっと遠い昔、あなたの周囲には自然の音があふれていました。

滝つぼに落ちる水の音、空高く飛ぶトンビの鳴き声、コオロギが羽を擦り合わせる音、木々が擦れる音、そうした自然界の音が、たくさん存在していました。

ところが人間は、自然界の恐怖から逃れるために、村落をつくりました。人間は集団で生活する動物です。群れをつくることによって、自然の恐怖から自分たちを守ってきたのです。

村落をつくり、村の規模がだんだん大きくなるにつれて、それは街へ、そして、心地いい暮らしと文化を発展させるために、長い年月をかけて都市へと変化しました。

あなたがいま暮らしている「家」という空間は、サッシと呼ばれる防音効果の優れた窓で、外の世界と遮断されています。

街で暮らすようになった私たちの周囲には、森の音を隠してしまう大きな音、つまり、人間がつくった音の集合体がたくさん存在していますが、その音すらシャットアウトするために、ほとんどの家は、このサッシで守られています。

想像してみてください。

自然界にあった森の音が、ノイズで隠され、サッシによって遮断され、二重に隔離された空間。そこで、私たちは日々生活しているのです。

そんな暮らしの中で、自然界の音を聴くということは、いまや稀少な経験にさえなりかけています。自然界の音が聞こえる豊かな時間を過ごすためには、山や高原に出かけたり、浜辺に足を向けたり、郊外の緑のたくさんある公園へ遊びに行ったりしなければなりません。

しかしこれが、自然からエネルギーを得るための最初のステップだとしたら、休みのたびに遠くへ出かけられない人はどうしたらいいのでしょうか。

現代の住空間にいながらにして、自然界の音と戯《たわむ》れる。それが出来れば、人はいまの何倍も元気になり、明るく前向きになれるでしょう。現代人の事情に合せて、私たちに豊かな時間をくれるのが水音であり、その水音のエネルギーをさらに高めたのが「水琴《みずごと》」の音なのです。

自然界の音の中でも、なぜ水の音が特別なのかは、私たちがかつて母胎で羊水に浮かんで発育したことに起因します。

覚えていないかもしれませんが、お母さんのお腹の中にいたとき、あなたの耳は羊水の中で水中音を聞いていました。水中音の伝達速度は、空気伝達のそれに比べて約五倍。さらにその周波数が、非常に高いのです。

つまり、胎児のころの私たちは、空気伝達ではあり得ない高周波音を聞いていたのです。

私が開発した水琴が「胎教にいい」と言われるのも、そのためです。

エネルギーの高い癒しの音は、水中伝達させることで、さらにそのチカラが発揮されやすくなります。水琴の音は、湿度一〇〇パーセントの空間から発信され、水蒸気を伝播《でんぱ》します。そのことで、あなたの体に、そして心に、ダイレクトにエネルギーを提供してくれるのです。

まずは、そこに含まれる高周波と、心地よいゆらぎのリズムに、身を委ねてみてください。あなたを、まるで自然の中にいるような清々しい気持ちにさせ、パイプに詰まった汚れを洗い流すように、ストレスを浄化させる第一歩となるでしょう。

体の若返りと心の若返りを同時に提供

では、高周波の音とは、どういう性質を持っているのでしょうか。

先ほども紹介した『奇跡の聴覚セラピー』の中で、篠原佳年先生は次のように述べておられます。

「耳の器官の一部が、脳にエネルギーを送るダイナモの働きをしていたという発見は、まさに驚きの一語です。脳は、エネルギーの九〇パーセントを耳から調達し、血液などからは残りの一〇パーセントを調達しているにすぎないというのです。脳のエネルギーとなる音は高周波です。高い音を耳が楽しめば、それだけ脳が元気になるのです。明るい声で、はきはきと話す人が元気なのも、声明（しょうみょう）の上手なお寺のお坊さんが元気なのも、発声とともに耳でそのとき受け取る高周波にその元気の源があるのではないでしょうか？」

この記述に、驚かれる方も多いのではないでしょうか。

なぜなら、一般的には聴覚という器官は、五官の一つに過ぎず、目を使って何かを見たり、鼻を使って何かを嗅いだりするように、音で外部のことを知覚するための感覚器だと思われているからです。

音がエネルギーの源だというのは、果たして本当でしょうか。

私の考えはこうです。

人間を含め、すべての存在は「振動（バイブレーション）」によって保たれています。花も木も、目の前にあるテーブルも、もちろん私たちの体も、すべては常に振動しており、それぞれが固有の周波数を発し、独自の波動を持っています。

目に見えるものだけでなく、言葉や音も一つの振動ですから、音はエネルギーそのものであると言えるでしょう。音を吸収するのは鼓膜であっても、振動を受けるのは、実はあなたの体全体です。すると、音の振動に体の振動が反応し、共振を始めます。

この前提に立つと、音のエネルギーが大きければ大きいほど、私たち人間の体が共鳴するということはもとより、体内細胞が激しく共振してエネルギーが高まり、活性化することになります。

細胞が活性化するということは、つまり体温が上がり、代謝がよくなり、新しい細胞が生まれやすくなるということです。その状態が続けば、自然治癒力がアップして、病気にもかかりにくくなるのではないでしょうか。

それを体現しているのが、音楽家たちです。

周囲に音楽を職業としている、あるいは関わっている人たちがいれば、その人たちを思い浮かべてみてください。音楽の先生、楽器店の販売員、ピアニストやヴァイオリニストといった演奏家…そうした人たちに共通して言えることは、「若く見える」ことではないでしょうか。

これには、二つの見方があると思います。

一つは、肉体的に「細胞が若返る」ということです。

もう一つは、音楽によって、精神的に豊

かな心を持つことが出来るから「心が若返る」ということです。

医師であり、音楽にも造詣の深い日野原重明先生も、著書『音楽の癒しのちから』（春秋社）の中で、こう述べられています。

「音楽的な一連の音は、不思議な仕組みで人の耳を介して、その人の大脳半球の皮質（聴覚領）で認知され、その音の響きやリズムによって、聴く人の心を安定させます。認知された一連の音波は自律神経系に投影されて、心臓の拍動を静めるとか、痛みを軽くする、あるいは不眠状態にある患者さんをリラックスさせて休ませる、といった働きをする。そういうことが、だんだんわかってきたのです」

日野原先生の著書を読むと、音楽というものが、人の精神、つまり心に働きかけ、癒しとなることがよくわかります。

体に音のエネルギーが直接当たることによって起こる「体の若返り」と、エネルギーの変化を音として知覚した脳が、体の中にエネルギーが注ぎ込まれることによって安定した気持ちになる「心の若返り」は、誰にでも同時に起こることなのです。

水は音を記憶する

音がエネルギーを与えてくれる方法を考えるときに、忘れてはならないのが「倍音《ばいおん》」の働きです。

倍音とは、一つの音に対する周波数が、整数倍の音のこと。周波数が二倍、四倍、八倍になるものは、共鳴し合うことによって生まれ、この関係は無限に続くことがわかっています。

この倍音は「音の響き」から生まれるものです。

一つの音が共鳴度を増して、いくつにも重なった奥行きのある音になるのです。倍音が倍音を生み出し、一つの倍音より二つの倍音、さらに三つの倍音と増えていくにつれ、音の幅が広がっていきます。たとえるのなら、ヴァイオリ

ンの弦を弾いて音を出すときに響く、空間全体に音を充填させるような、あの音色です。

複数の倍音が出来ることによって、音は空間を満たすかのような豊かな響きへと変化し、無限のエネルギーを放出します。そのエネルギーを受けることによって、あなたの体内エネルギーが高くなるというわけです。

私たちの体は、いつも音をキャッチしています。

音の聞こえ方には「気導」（空気を伝達して鼓膜で聴く）と、「骨導」（頭蓋骨の振動が直接耳に伝わる）の二通りがあります。

その聞こえ方はさておき、ここで再び「水」に注目します。

人間は、生まれた時点では体の約九〇パーセントが水です。それが徐々に減っていき、成人になると体の約七〇パーセントとなり、体内の水が約五〇パーセント以上失われてしまうと生きていけません。

水は私たちの生命力なのです。

そして水は、細胞の一つひとつに「ひたひたと満たされている」状態で、私たちの体内に存在しています。

この水という物質の特性には、「音（の振動）を記憶する」という要素があります。

先ほど挙げた「気導」にせよ「骨導」にせよ、生命体のほとんどに含まれる水というものに、音は振動を与えています。

長年、水の結晶写真を撮り続け、その研究に取り組んでいる江本勝さんによると、水にいい音楽を聴かせたときには美しい結晶が表れ、水に「ありがとう」と言ったときと、「ばかやろう」と言ったときとでは、その結晶の表情に大きな隔たりがあるそうです。

「ありがとう」が調和の取れた六角形を成しているのに比べて、「ばかやろう」では結晶をつくることが出来ず、ただ波紋を広げたような輪が出来るだけだそ

うです。

これを音の振動に置き換えると、普段、どんな音を聞いているかによって、体の状態が変わることは明らかです。低周波の音と高周波の音、それぞれが、私たちの体内にある水のエネルギー性質を変え、その変化が体や心に表れるわけです。

だとすれば、高周波の音を記憶させたほうがいいことは、明らかです。

高いレベルのエネルギーがあなたの体に当たったとき、それが情報として記憶され、体の約七〇パーセントを占める水をきれいにする…その秘密に、周波数が関係していたというわけです。

細胞に含まれる水が、エネルギーの振動を受け取り、その振動を記憶するということが、私たち人間が健康で幸せな人生を送るためにどんな音を聴くべきかを考える上で、大きなヒントになるのではないでしょうか。

大自然のリズムと一体となって幸運を呼ぼう

水の滴音《しずく》は、どんな国にも、どんな生活の場所にも、必ず存在します。人がいない山奥でも、水が存在すれば、必ず水の音も存在します。生命があるところには、必ず水があります。なぜなら、すべての生命は水がなくては生きていけないからです。

水が衝突する音（水滴音）は、自然の音風景の中で、もっとも普遍的と言える音かもしれません。水琴のメリットを挙げると、まず基本となる水滴音が、自然界に存在する音であるということでしょう。その水滴音には、最初から高周波が含まれているということ、先ほど述べた倍音を、徹底的に追求した結果、高周波を可能な限り膨らませることに成功し、倍音の塊と言えるエネルギーの高い音を発する、ということです。

周波数の高さもチカラも、水琴は一般的な楽器と比べて、圧倒的な差を持っています。

さらに水琴は、人間の知恵がつくった産物ではありますが、その知恵は、水の動きを制御しないことにも工夫があります。

この「水滴の動きを制御しない」とはどういうことかと言うと、水の道をつくらずに「水琴」の共鳴体である陶器から、自然に水滴が大きくなって落ちてくるのを待つという仕組みになっているのです。

水滴が自然に大きくなり、重力でポチャンと落ちていく。しかも一滴ごとに、すべて違う状況で落ちる。この仕組みによって、水滴音は完全にランダムな状態となり、大自然のリズムで倍音を発生してくれるというわけです。

たとえば、その一滴が水面を打つ音は、その単純な動作の中にも自然の神秘が隠されています。日本語（カタカナ）で「ポチャン」という言葉は、「ポ」と「チャン」という二つの音で構成されています。でも、水道の蛇口を少しだけひねり、ポチポチと水滴が落ちるところを観察すると、一つの音が「ピン」「ポ」「プ、プ」というように発生しているのがわかります。

子どもたちに「水滴の音を言葉で表現してごらん」と言うと、「ピーン」「チョーン」「コロコロ」のように、聴こえるままに音を表現しますが、「ポチャン」という二つの音にはなりません。実際は、二つ以上の水滴が共同作業で水滴音をつくっているのです。つまり一つ目の水滴が膜をつくり、その膜を二つ目の水滴が弾くときに、音が発生し、それが耳に聴こえる音の響きとして「ポチャン」となるわけです。

「ポチャン」「ピチョン」「プツーン」といった、瞬間の音の連続は、言ってみれば大自然のリズム。瞬間が終わり、また別の瞬間が始まる。そうした瞬間瞬間の連続の中に生きることこそが、自然と一体化して生きるということでもあるのです。

パート2

「場」の力を変えて、最高の自分と出会う

あなたに影響を与える「場」

私たちの周囲に広がる空間は「場《ば》」と呼ばれます。

毎日、いつも暮らしている「場（家）」から会社や学校という「場」へ行き、いろいろな人たちと出会い、話をして、いろいろな影響を受け、あるいは影響を与えて、自分の「安住の場」へと戻ってきます。

そんな「場」が、あなた自身に相当の影響を与えていることを、ご存知ですか？

いつも行きたくなるような場所、そこへ行くと気持ちがスッキリして穏やかな気持ちになったり、いろんなことに対してやる気が出てきたりするような場所。反対に、そこへ行くとやる気がなくなり、自己否定的な気持ちが湧き、いろんなことが嫌になる場所。

場所の違いによって気持ちの変化を体験したことが、あると思います。

ではなぜ「場」が、あなたに影響を与えるのか？

ちょっと哲学的な言い方をすると、実はあなた自身がその「場」をつくっているのです。そしてあなた自身の心の奥に、その「場」をつくった原因があると言っていいと思うのです。


「自分自身の心の世界が、結果として現実に投影されている」

よく言われることです。

これは、心から確信しイメージすればうまくいくとか、思いが叶うというような世界観と類似したものですが、一言で言うと「あなたがどんな人間であるかの表れが現実世界」であり、そういう原因があって、結果が事象として現れると言えるでしょう。


いいことも悪いことも、その人のまわりで起こるさまざまな出来事は、その人の心の内を反映しています。

たとえば、幸せなことばかり起きている人は、その人の心の中にも幸せがあり、外でトラブルや辛いことばかりが起こっている人は、その人の心の中にも辛い思いがたくさんあるのです。つまり、心の中に秘めたいろいろな意思、たとえば、喜び、想像、願望、あるいは、怒り、悲しみ、恐怖などが、鏡に映したように結果として表れているのです。

これが、あなたと「場」の関係性です。

周波数の世界では、同じ周波数は共鳴するという法則があります。「類は友を呼ぶ」という言葉がありますが、自分の中のエネルギー的な高さと類似する人物や状況に引き寄せられる、あるいは、そうした状況と人は共鳴すると言えそうです。

要するに、周囲に広がる「場」と、あなたの内側に広がっている意思とは、本来、共鳴し合って存在しているのです。あなたがつくった状況、あなたが望んだ状況に、あなたは無意識のうちに引き込まれると同時に、周囲で起きている状況や環境からも、影響を受けているのです。

これは「内と外の鏡の法則」とも呼べるでしょう。

そのことを認識すると、「場」というものがあなたにとって、とても大切だということがわかります。


人間は生きている限り、低周波から逃れることはできません。

音ばかりでなく、人間もエネルギーですから、自分の周波数が低いとき、次々に湧き上がってくるネガティブな感情とどう付き合っていくのか。それが、幸せな人生を送るためのカギとも言えるのです。

ネガティブな感情、つまり低い想念をぶつけ合ってしまうと、周波数がどんどん低くなり、いいことが起こらないばかりか病気にすらなってしまいます。

ですから、怒りや恐怖を感じてしまったら、周波数を変えるしかないのです。

もちろん、どんな感情にも、善悪はありません。

人間の周波数は、高い周波数にも低い周波数にも同調出来ます。言い方を換えれば、人間は低い周波数から高い周波数まで無限の感情を持ってこの世に生まれているのです。それでも、健康に影響が出るほどマイナスの感情に振り回されてしまうのは辛いことです。

そんなときに、簡単に周波数を変えてくれるのが、水琴のような高周波を発生する音です。心を落ち着かせる高周波の音を浴びることで、低い周波数が高い周波数に同調し、ネガティブな感情がリセットされ、プラスのエネルギーを出せるようになります。

さらに、その状態を保ったまま外に出ると、低い「場」にプラスのエネルギーを与えることが出来ます。つまり「場」に対して、自分自身が水琴の役割を担うことになるわけです。

イヤシロチと高周波の関係

そこへ行くと気分がよくなったり、楽しくなったり、また行きたくなったりする「場」は「イヤシロチ」とも呼ばれています。

カリスマ的な経営コンサルタントであり、人間研究家と呼ばれている船井幸雄さんは、著書『イヤシロチ』（評言社）の中で、電子が非常に多く、そこに暮らす人が健康で気持ちよく生活し、幸せなことがたくさん起こる場所として、イヤシロチを紹介しています。

電子とは何でしょうか？

いま、量子力学という科学の分野では、あらゆる物質は、電子の振動によって結合され存在することが常識となっています。

物質を小さくすると分子になり、分子を小さくすると原子になります。そして、原子核のまわりを電子が回るとエネルギー（電磁波）が出ます。つまり、すべての物質は電子を持ち、その電子は速度を持っているのです。

物質の持つ電子の数が多いと、電子はより自由に動き回れます。そして、速度を増すことによってエネルギーも高くなります。人間の体も物質ですから、同じように電子の影響を受けます。あなたが心地よい状態になるということは、あなたという物質が持っている電子の数が多くなったか、電子の速度が速くなったことが考えられます。

あるいは、イヤシロチのような「場」に行くことによって、エネルギー的に高い状態が体に影響し、心地よい体感としてあなたに伝わるということです。

それを音から考えると、水琴のような高周波の音がそこにあることが、あなたを心地よい状態にするための「場」の条件の一つになります。
肉体のエネルギーに音のエネルギーがぶつかり、それらが共振するとき、物質エネルギーが上がるのです。ミクロの世界で話せば、原子レベルでエネルギーがアップすると「場」もイヤシロチ化することになります。

「場」が癒されれば、そこに存在する物質のエネルギーがアップします。「場」の周波数と共振して、たとえば棚の本も、イスも、テーブルも、テーブルの上のコーヒーカップも、さらにはシュガーポットに入った角砂糖でさえも、エネルギーがアップします。すると、それぞれの物質から高い周波数が出て、その連鎖によって「場」全体のエネルギーが、さらにアップするようになるのです。

一瞬でいい場に変える方法

「一瞬にしていい場に変える」

それを可能にするには、高いエネルギーが多く含まれた高周波の単発音を発生させる方法が、もっとも効果的です。

代表的な単発音と言えば、鈴虫の「リーン、リーン」や、ウグイスの「ホーホケキョ」、水琴の「ピーン、ポーン」などが挙げられますが、これら単発音を使うことで「場」が生まれ変わります。

逆に蛇口から水を流しっ放しにしたような、つまり「ジョロジョロ」といった連続音を使うと、いくら高周波の音が含まれていても「場」を変えるには十分とは言えません。

なぜでしょうか?

人間の聴覚には、音が途切れることなく流れていると、その音をシャットアウトしようと脳が反応し、「聴いていても、聞こえない」状態にしようとする性質があります。

匂いに置き換えるとよくわかります。

部屋でお香を焚《た》くと、最初は「いい香りだな」と思いますが、五分も経てば匂いを感じなくなるもの。嗅覚も聴覚と同じく、同じ匂いをずっと浴びていると、脳が情報処理しきれなくなって異常をきたしてしまうわけです。脳が自己を守るためにホルモン（神経伝達物質）を出し、匂いを感じないようにしてしまうのです。

冷蔵庫のモーター音など連続した音の場合、部屋が静かだとやかましくて仕方ありませんが、何かに集中したり、誰かと話したりしているときは、意外なほど忘れているものです。実際はずっと鳴り続けているのに、脳が聴かないようにシャットアウトしているのです。

しかし、単発音なら、脳はシャットアウトしません。

これは音と音の「間隔」に秘密があります。

水琴のように、新しい音が生まれる「瞬間の連続」となると、「次はどんな音？」と、脳が想像したり、予測を始めます。脳の働きに積極性が出てくるのです。

同じ水音でも「ジョロジョロ」という連続音がそうならないのは、同じ音が続くことによって一つの状況が出来上がってしまい、脳が疲れて消極的になり、最終的に聞こえなくなるからです。

音の振動は目に見えません。

しかし高周波の単発音には、一瞬でいい「場」に変えてしまうチカラがあります。そして、その振動を感じ取るセンサーが、私たちには備わっているのです。

世界各国に古くからある宗教的な儀式で、たとえば「鈴」のような高周波の単発音が除霊目的で使われる、あるいは、式典の中へ精神的に導くための音として使われるというのも、先人たちが音の特質を理解していたからかもしれません。

ストレスを取り除くとプラスの連鎖が起きる

古来、音は感覚的・本能的に大切にされてきました。

音は、そのうちに音楽というものになりました。それは宗教的な儀式、あるいは天界とつながる媒介としても、いまも大きな役割を果たしています。

人間を全人的に理解して自然科学と精神科学を統合し、「人智学（アントロポゾフィー）」を樹立したルドルフ・シュタイナー博士は、著書『音楽の本質と人間の音体験』（イザラ書房）で、「音楽は人間全体を現している」と述べています。

また音楽の起源は、いわゆる「ド」を基音としたときのオクターブ（八度）から一度ずらした「シ」の音、つまり七度の関係であり、この間隔から始まった音階的な音楽知覚が、「ド」と「ソ」（五度の間隔）、「ド」と「ミ」（三度の間隔）というように、音の幅を狭めていき、現在では「ド」と「レ」（二度の間隔）で、人間は音楽を知覚していると語っています。

要するに、「ド」も「レ」も「ミ」もない時代から、音楽創造の歴史をたどるとき、今日存在する二〜七度に集約される音楽作品は、未来へ向かってさらに変化するであろう音楽的創造のための「試作品」ということです。

では、本書の主役である水琴は何度かと言うと、実に一度の世界です。

すなわち二つの音の違いを楽しむ感覚から一歩進み、「同じ一つの音の中に、違うメロディが存在する」という世界観が、水琴の中に出来上がっています。

つまりそれは、倍音の世界です。

倍音の世界は、単音の中にメロディが存在して、同じ音の中で急に膨らんだり、しぼんだりします。もっと言えば、一つの音に無限の倍音があり、倍音がメロディの役割を果たし、一度の中で音楽が出来上がるというわけです。

水琴の場合、水滴がランダムに落ちることで、単発音のメロディになります。これは、いままでになかった音感かもしれません。そしてこの「一度の音楽」が、もしかしたら未来の音楽の世界をつくり上げていくのかもしれません。

さて、「一瞬にしていい場に変える」原理がわかれば、あとは簡単です。

水琴を使って、あなたの「場」のストレスを取り除き、エネルギーの高い「場」に変えればいいだけ。次々と、あなたとあなたの周囲で、いいことが起き始めるでしょう。

高周波の音が「場」に提供されると、あらゆる物質、あらゆる生命体、あなた自身が、その高周波の音と共振を始めます。

エネルギーの高くなった「場」を共有する物質、エネルギーの高くなったあなた自身が高い波動（振動を持つエネルギー）を発することによって、その波動とちょうど同じ高さの波動が引き寄せられるのです。

これがプラスの連鎖です。

低い周波数にとり憑《つ》かれている「場」に、高周波の音を注ぎ込むことによって、低い周波数は開放され、高い周波数がさらに高い周波数を集め始めます。

ストレスから開放された「場」は、高いエネルギーの「場」として新しく生まれ変わることが出来ます。

パート3

奇跡の音で、運気上昇サイクルが誕生

波動が波動を引き寄せる

水琴で精製された高周波音は、水蒸気に乗ってダイレクトにあなたの体にぶつかり、振動します。水琴は、水滴音を陶器で共鳴させ、その倍音を徹底的に追求することによって、一〇〇デジベル（デジベル＝ｄｂは、音の強弱。普通の会話が約六〇ｄｂなのに対して、一〇〇ｄｂは電車が通ったガード下に相当する）という、考えられないような共鳴を現実にしています。

この共鳴によってつくり出された倍音が、猛スピードであなたにエネルギーを与え、あなたを高周波の世界へと誘うのです。

音は振動であると同時に振動を持つエネルギー、すなわち波動です。

波動は共振することで、相手にその波動を伝えます。

あなたの体は水琴の音から振動を受け、高周波の波動を受けることによって、高い波動へと変化します。そして水琴が置いてある空間にある物質すべてが、同時に波動を上げていくのです。さらにその「場」が高い波動を持った瞬間、そこにやってくる人、そこで暮らす人に、高い波動を提供するようになります。

もともと波動には、同じような波動を引き寄せる性質があります。あなたが高い波動を維持することで、これまで考えられなかった高い波動を持っている人たちと出会う可能性があるのです。

つまり高い波動が高い波動を呼び、高い波動同士が共振することによって、お互いがより高い波動となるのです。

言い方を換えれば、共振の世界は「縁」の世界でもあるのです。

あなたが困ったときに助けてくれる人が現れたり、欲しいと思っていた情報が、ばったり会った友人からもたらされたりと、そんなシンクロニシティ（意味ある偶然）が起こりやすくなります。

あなたはそれを、単なる偶然だと思うかもしれません。

しかしそれも、あなたの波動が引き寄せたことなのです。

エネルギーがアップしたあなたは、健康的になり、若返り、気持ちが明るくなり、前向きになるといった副産物まで受け取ることになるでしょう。

水琴の音を浴びるだけで「幸運体質」になるということは、プラスの連鎖がさらなるプラスの連鎖を運ぶことにほかなりません。

それが、高周波の音によって起きるのです。

「大いなる静けさ」の中にある本当の自分

水琴が導く世界の先には、もう一つ「別の扉」があります。

先に述べたシュタイナー博士は、瞑想などによって、人間が精神世界へ入っていくときに通る静寂な世界（無我の境地）を「大いなる静けさ」と呼びました。

人間は眠っているときに、実は毎晩、この大いなる静けさを超えています。

そして内なる世界へと入っていきます。

水琴は、この世界の扉を開ける案内役でもあるのです。

睡眠は、人間にとって一番の静寂です。静寂に入る前後は、心も開放されていて「大いなる静けさ」に直結している時間帯ですから、水琴の音も、寝る前と起きたときに聴くのがもっとも効果的と言えます。

もちろん、水琴は二四時間流しっ放しでもかまいません。

テレビを見ているときでも、ほかの音楽を聴いているときでも、流しっ放しにしておけば、聴覚として音を認識するところを超えたレベルで、無意識に水琴のエネルギーを浴びる状態となります。

特に水琴は、水蒸気に伝播《でんぱ》していく音ですので、高周波を素早くダイレクトに受け取ることが出来ます。高周波の世界では、影響するエネルギーの速度も速くなりますから、内なる世界にも入りやすくなり、思いも実現しやすくなるというわけです。

　ここで言う内なる世界とは、本質的な自己の世界です。存在するすべてのものとつながる世界であり、情報が無尽蔵にある（ユングの言うところの）「集合意識」の世界です。その集合意識とつながることが出来れば、あなたの能力は飛躍的にアップし、ツキも若さも思いのままとなります。
　そして水琴の効果で、内なる世界から取り出したものが、驚くほど早く現実世界に現れるというわけです。
　大いなる静けさを超えていくと、そうした本質的な自己の世界が現れてきます。

これは音というよりも、音がつくり出す一つのパターン、またはリズムが導いてくれると言ったほうがいいかもしれません。

静寂を知る人は、自分を知る人です。

静寂の中にこそ、本当の自分が存在します。そしてそこには、音があるのです。

雑踏の中に音があると思いますか？　静寂の中にこそ、本当に必要な音は存在するのです。

そしてその音は、あなた固有の振動音であり、あなた自身でもあるのです。

低波動を浴びても一瞬で元に戻せる

水琴が奏でる一滴、一滴の音が、あなたを本当の静寂へと導き、その静寂を体験するあなたを、高周波の高いエネルギーを含んだ音がさらに振動させます。

すると、精神が満たされ、肉体が活性化されます。

何度も何度も、高周波のエネルギーを浴びたあなたは、とても高い波動となり、その高い波動に見合った状況へと導かれていくのです。


いままで想像すらしなかった幸運な状況が、向こうから勝手にやってきます。

その出発点は「静寂を知る」こと。

そして高周波の音を、ふんだんに浴びること。その結果、あなた自身の肉体と精神それぞれが、高い喜びの状態へと入っていきます。


高い喜びの状態となったあなたは、さらに喜べる状況へと引っ張られます。

こうして起こるプラスの連鎖は、とどまることがありません。

幸運は持続します。

「場」は常に高い波動で満たされ、低周波で低い波動を寄せつけなくなっていくでしょう。

ただし、その状態で街中の雑踏に行くと、ごくまれに頭が痛くなったり、気分が悪くなったりする場合があります。自分の高い波動に対して、周囲の低い波動の影響を受けそうになっているからです。また、あなたの優しい心が、低い周波数にチューナーを合わせようとするからです。

しかし、心配ご無用。

たとえ一時的に低い周波数に同調したとしても、水琴の音が繰り返し「場」を浄化し、低い波動を浴びて帰ってきたあなたを、一瞬で元の状態に戻してくれるでしょう。

これは、水滴音を陶器に無限連鎖的に共鳴させるという水琴の音が、相反する水と火（共鳴体である焼成して出来上がった火の産物である陶器）を融合させ、さらに信じられないほどの倍音を生み出すまで追求し続けたことで、そこから誕生した波動がより高次元のものへと昇華されたから、とも言えます。

クオリティの高い次元昇華の結果であるからこそ、常に高いエネルギーを提供することが出来るわけです。

だから、あなたがどんなに低い周波数の影響を受けて帰ってきても、一瞬にして、あなたを高い波動を持つ本当のあなた自身へと戻してくれます。

あなたは、シャワーを浴びるようにこの高周波の水琴の音を浴びることで、一瞬で元の状態になり、いつでも高いエネルギー状態を保つことが出来るようになるでしょう。

水琴をかけっ放しにすると運気が上がる

水琴は、さまざまな高周波エネルギーを含んでいます。

だから水琴を流していると、鳥が寄ってくることがあります。鳥は水のエネルギーに敏感ですから、エネルギーが発せられているところに寄ってくるのかもしれません。

また、人は水琴の周囲に集まると、不思議なくらい会話が弾みます。マイナス波動を出すような愚痴のこぼし合いではなく、高い周波数に合った、喜びにあふれた会話が飛び交うことになるでしょう。

使用する水の質によっては、たとえば、鉱物を多く含む天然水、湧き水のようないい水を使うことで、より一層響きが増してくることがわかります。耳で聴いている、聴いていない（意識していない）に関わらず、水琴が鳴り響いている空間は、高周波に満ち、そのエネルギーで満たされています。

このCDブックを体験していただくことで、八〇〇〇ヘルツ以上（ヘルツ＝Hzは、音が一秒間に空気を振動させる回数。周波数の単位。人間の耳で聴き取れる範囲は二〇～二万ヘルツと言われている。ちなみに日本語での普通の会話は一二五～五〇〇〇ヘルツ）の高周波音を含む音が、あなたを「超幸運」な状況へと導くことと思います。

このＣＤを、生活を邪魔しない程度の音量で、お部屋でかけっ放しにしてください。

この音を流すだけで「場」が浄化され、そこで暮らすあなたのエネルギーはアップするでしょう。高い波動を持ったあなたは、高い波動の出来事と遭遇します。

あなたがいま想像する出来事は、あなたの体験に即した出来事です。

しかしそれ以上の、信じられないような幸運な出来事が、次々とあなたの目の前で起こってきます。

少しでもネガティブな気持ちになったら水琴を聴いて、もう一度、本来の自分にフォーマットし直し、美しく純粋な高周波のエネルギーを体の隅々にまで行き渡らせ、何度でも幸運を手にしてください。

水琴の単発音のように、瞬間、瞬間で、幸運は生まれているのです。

小堀遠州の世界観をサウンドプロデュース

この水琴窟《すいきんくつ》は、古くから日本にあった水琴窟の原理を応用したものです。そしてそのルーツはいまから約四〇〇年前。

千利休や古田織部の流れをくむ江戸初期の大名茶人にして、桂離宮、二条城、名古屋城などの建築・造園作家としても知られた小堀遠州が創案した「洞水門《とうすいもん》」に始まるとされています。

洞水門自体は、茶人の楽しみというものではなく、手洗い所の排水設備としてつくられたのですが、手水を地中に埋めた甕《かめ》に響かせて聴くという趣向が、風流人の音遊びとしてもてはやされ、その水滴音が琴の音に似ていたことから、水琴窟と呼ばれるようになったそうです。

茶の湯における閑寂の世界で、手水鉢から水が流れ落ちるたびにどこからともなく美しい音色が響く豊かな音風景は、まさに美しさを「目」ではなく「心」

で見ようとする日本人独自の精神性や文化、美意識そのものです。

そんな、目に見える美しさだけでなく、風情全体の中に、美的な境地や心の充足を求める「わび」「さび」文化をいまによみがえらせ、現代の暮らしに合わせて私たちのエネルギーを増幅させる音にこだわって完成させたのが、この水琴です。


大学で水利工学を学び、卒業してから音楽の仕事に携わった私は、あるとき、作曲する際に制限される音階（二～七度）に、不自由さを感じるようになりました。

表現したいもの、私が届けたいものは、限られた音階で表現する音楽ではないのです。確かに自分の人生で、影響を受けた歌はたくさんありましたが、そういう演奏という表現を伴うものではなく、デジタルで作曲するものでありながら、心理学的な解析で曲づくりをすることは出来ないだろうか…そう思ったのです。

心臓の鼓動、血液の流れる音、風が体に当たる音、そうした「生きることに直結する音」は、本来、もっとも人に影響を与えているはずです。それらを解析して、一つの音楽にまとめる、周波数帯域とリズムで作曲する、その音にメロディを乗せていく。

これこそ、自然のリズムを取り入れた作曲方法ではないだろうか、と。

そもそも「聴く」という能動的な行為は、知覚している音階（メロディ）を追いかけることを指します。それに対して、無意識に働きかける音は、知覚しないことが肝心です。そのバランスを調整し、一つの音楽としてまとめ上げたいと考えました。

試行錯誤の末、サウンドプロデュースシステムという名前で、その方法を具現化したとき、「これは音風景の作曲だ」と感じました。

自然界にはさまざまな音があります。

しかし、たとえば鳥の鳴き声や虫の音をただ録音してつなげるというのではなく、特殊なデジタルミックスを重ねることで、耳にしたときに、より自然な意識の動きに即して風景が現れるように工夫しました。

その結果、自然の音には違いありませんが、自然の中で聞こえてくる音風景から、「プロデュースした自然を聴く音風景」に変わったのです。

そこに加えて「変わらない音風景」、つまり、生き物である限り、どこへ行っても存在する普遍的なリズム、パターンをデジタル音で重ねました。そして、本当の意味での「癒しの音風景」が完成したのです。

これらを総合的にまとめて、私は一つの「音風景音楽」を作曲するに至りました。

そのデモテープを、初老の和歌の先生に聴いてもらったところ、先生はじっと聴いて「この音は水琴窟ですね」と、おっしゃいました。

「水琴窟？」

もちろん、知識としては知っていました。しかし、まったく意図せずにつくったものを水琴窟と言われて、とても驚いたことをいまもよく覚えています。それが、私と水琴窟の出合いでした。

こうして癒しの音の探求の先で、水琴窟と出合った私は、本格的に水滴の音楽の追求を始めることにしました。

このとき開発したサウンドプロデュースシステムは、このＣＤブックにも採用しています。

奇跡の「一期一会」音が誕生

水琴窟の音を意識的に聴くようになったのは、研究のため、その音を録音し始めてからでした。

水琴窟に埋設して使われる甕のどこに音の共鳴点があるのか、どういう状態のときに共鳴するのか…いくつかの疑問を解決するため、私は、昔からある水琴窟の音調査から始めることにしました。

甕の中の共鳴点というのは、甕の形状によって決まります。通常、甕は一点一点、手づくりするものなので、その共鳴点もそれぞれ違います。そして、甕の内部で乱反射する音が、底に開いた小さな穴から外へ伝播する音を、私たちは鑑賞しているのです。

そのピンポイントにマイクを仕込むことが、水琴窟の音を収録する上で非常に大切な作業になりました。しかし、数多くの水琴窟の音を録音するうちに、ピンポイントの探し方はもとより、よい音のする甕の形状、大きさ、硬さなども、おおよそ予測出来るようになりました。そして、水滴音の甕内部の反射音と甕の振動音のバランスによって、音質が決定されていることがわかってきました。

さまざまな工夫の中で最初に必要なものが、水滴のつくり方でした。

水滴の音色と落ちるリズムは一定ではなく、制御から開放されていなければなりません。なぜなら流れが出来ると、同様な音が連続して発生してしまい、パターン音となってしまうからです。

ランダムな音色は、私たちの感性を豊かにし、宇宙の広がりを感じさせてくれます。一度として同じ音がない「一期一会《いちごいちえ》」の音。瞬間、瞬間の連続性を感じる音です。

そしてもっとも重要なのが、水滴音を共鳴させる工夫でした。

陶器を使って水滴音を共鳴させるた

めには、甕の形状、厚み、強度などを緻密に計算し焼き上げたあとで、その甕ごとに共鳴に適した容積を決定しなければなりません。

陶器は火の産物です。均一に焼き締められているわけではありません。いくら同じ形で焼いても、すべて異なるのです。

共鳴音は、その共鳴体の容積を変化させることで、自在に変えることが出来ます。

調整は、一つひとつ私の耳で調整します。一滴、一滴、すべて異なる音を平均化して、最大公約数的に容積を調整していきます。

「京都共鳴式」と呼んでいるこの独自の調整方法を、水琴の内部でシステム化することにしました。さらに、水琴内部の音の位相を調整し、二次共鳴体でさらに共鳴を加えました。

そして最後に、出来上がった共鳴音が空間にダイレクトに放たれる工夫により、ランダムに発生する倍音の集合体となった水滴音が、住空間に心地よく響き渡るシステムが、ついに完成しました。

私が開発した水琴は、その後、それまでの水琴窟の常識をくつがえす一〇〇デジベルを超える音量を出すことに成功しました。

一〇〇デジベルといえば、大声コンテストの優勝者の声の大きさとほぼ同じです。

たった一滴の水滴の音が、なぜそこまでの効果を出せるのでしょうか?

それは、倍音が連鎖を起こしているからです。

倍音が倍音を生み、さらに倍音を生む。それが一瞬で起きるとき、音は爆発的に音を増大させます。しかも聴いていて心地よく、決してやかましくありません。それは、人の耳では聴こえない超音波と呼ばれる部分にもたくさん倍音が含まれているからです。

完成された水琴の音は、小さいようでも遠くまで伝達します。

これこそ、神からの贈り物、「倍音効果」なのです。

こうして高周波音、倍音の効果をあらゆる方向から追求したものが水琴であり、いつしかその音は「古人の遊び」を超え、現代人の心のストレスを一瞬にして解消する「癒しの音」となったのです。

この生命の音を、暮らしに取り込むまったく新しいテクノロジーは、水滴音のためのスタジオとも言えます。スタジオで楽器を録音するために、マイクの位置、演奏する位置、録音する方法を、工夫して調整するのに似ています。

演奏者は水滴、つまり大自然なのです。

二〇〇三年、バチカンの推薦で、イタリア・アッシジの聖フランチェスコ大聖堂（世界遺産）に「世界平和」のシンボルとして水琴（水琴窟）が設置され、東西の文化、宗教、国の違いを越えて受け入れられたことは、この音が導いてくれた現実であり、まさしく私の夢の一つでもありました。

＊

水琴のエネルギーを直接試したいという方は、全国で体験出来る場所を、本書の付録ページで紹介させていただきますので、ぜひおでかけください。ダイレクトにこのエネルギーを感じてみてください。

ＣＤは、構造上二〇〇ヘルツから二万ヘルツまでの音しか収録出来ませんが、水琴の生音は、それ以上の超音波の音が含まれています。生でこの音を浴びると、無限のエネルギーを体験出来ます。

ＣＤでは、京都泉谷山西寿寺の水琴（水琴窟）の奏でる音を収録しています。西寿寺での水琴のライブ体験（有料）を希望される方は、左記まで往復葉書でお申し込みください（日時、ご住所、お名前、電話番号を明記）。

西寿寺　〒616－8253　京都市右京区鳴滝泉谷16

＊

最後になりましたが、株式会社ビジネス社編集長の瀬知洋司さん、株式会社船井ビジョンクリエイツの林彩子さん、ライターの宮嶋尚美さんには、今回の出版に際して、大変お世話になりました。さらに、水琴をいつも維持管理してご活用いただいている皆様、特に西寿寺様には、大変お世話になりましたことを、この場をお借りして御礼申し上げます。誠にありがとうございます。

このCDブックを手に取られた皆様が、いつも豊かな気持ちで、笑顔に満ちあふれる幸運な暮らしが続きますことを、心よりお祈り申し上げます。

■ 水滴の音楽「Pisolino／ピゾリーノ」Ver2.0

簡易型水琴の決定版。内蔵された甕に水滴音が共鳴して楽しい音を奏でます。このサイズでは信じられないほどの共鳴を実現。お部屋で楽しめる循環タイプと水をかけて楽しむ排水タイプ両用。水量調整バルブ付。

- 大きさ:300×300×400h(mm)
- 重　さ:11kg
- 種　類:オレンジ／アイボリー／グリーン／ブラック
- 方　式:循環モーター式、排水式、両用タイプ
- 素　材:陶器(共鳴部)アクリル(デザイン部)

＊外側を陶器でデザインした「遊水／Yusui」もございます。

■ 水琴プレーヤー「蓬壷／Hoko」Ver4.0

水琴の美しい高音域の再現にこだわり続けた蓬壷シリーズ完成版。水を使わずに手軽に水琴の音がお部屋で楽しめます。水琴甕内部の共鳴点で録音した専用CD付き。セラミックスピーカーの音をさらに陶器に響かせることで水琴のリアルな響きを再現しています。

- 大きさ:約160φ×215H(mm)
- 重　さ:約1.6kg
- 種　類:ブラック／アイボリー
- 素　材:陶器(萬古焼)

＊ポータブルCDプレーヤー、収納ボックス付属

■ 水琴ファーニチャー

ティーズ・ーポレーションでは、水琴ファーニチャーの企画、設計、製作を承っております。

■ 水琴ガーデン(水琴窟)

ティーズ・コーポレーションでは、水琴ガーデンの企画、設計、施工を承っております。

■ 水琴モニュメント

ティーズ・ーポレーションでは、水琴モニュメントの企画、設計、製作を承っております。

水琴《みずごと》
Aqua Sound Mizu-Goto

＊水琴はティーズ・コーポレーションの登録商標です。

お問い合わせ・ご注文は、
有限会社ティーズ・コーポレーション
075-813-7321
T's corporation

◆ 商品紹介 ◆

ヒーリングCD

■ 京都音風景～水琴窟の調べ～　CDブック

水琴窟の定番CDブック。お陰様で第7刷になりました。CDには京都4箇所の水琴窟の音色。本にはイメージ写真、水琴窟の解説、宮本亜門さんのエッセイなどを掲載。全国からぐっすり眠れるなどのお便りを多数頂いた話題作。

価　格:¥2,000（本体価格¥1,905）

■ 京都音風景～声明の語らい～　CDブック

京都大原魚山に伝わる天台声明と大原の自然音、心を癒す音楽で構成されるヒーリングCDです。日本最古の音楽が京都大原の音風景と共に幻想的な世界へと誘います。ブックには天納傳中師の声明解説、声明の楽譜とされる博士、栗原小巻さんのエッセイ、大原の写真などを掲載。

価　格:¥2,000（本体価格¥1,905）

■ 京都音風景～水琴窟の調べ～　シングルCD

京都市内4箇所の水琴窟の音、京都の四季の音風景、心を癒す音楽からなるヒーリングCDです。同名のCDブックでは、この音源を使用しています。全国マスコミが取り上げたロングベストセラー商品。

価　格:¥1,000（本体価格¥952）

■ アクアシンフォニーⅠ／AquaSymphonyⅠ

「AquaSymphony」では、水琴窟の音を音楽として取り上げることで、様々な感覚と風景を提供しています。第1作目では、水琴窟と中国民族楽器、揚琴とのコラボレーションをテーマにしました。水琴窟の音を使った新しい音楽の世界を提案する話題作。

価　格:¥1,200（本体価格¥1,143）

■ アクアシンフォニーⅡ／AquaSymphonyⅡ

「AquaSymphony」第2作目として水琴窟とアフリカ民族楽器カリンバとのコラボレーションをテーマにしました。地平線をイメージさせるようなカリンバののんびりした音色との共演。

価　格:¥1,200（本体価格¥1,143）

■ 心送交響曲　時空《とき》の彼方

こころを癒す水琴窟の音色と揚琴のコラボレーションが醸し出す小宇宙に、生命の不思議を感じてください。生命の賛美歌はたっぷり聞ける45分。

価　格:¥2,300（本体価格¥2,195）

みず《》ごと
水琴®
Aqua Sound Mizu-Goto

ミラノサローネ出展

ウエディング

仁川学院

屋外設置例

エスパイエル千里展示場

聖フランチェスコ大聖堂

プラザ

市長龍寺

サローネ花壇

サローネ竹垣

城山聖地霊園

屋内設置例

「水琴/Mizugoto」設置例

住所	連絡先
北海道名寄市西四条北8丁目	01654-2-4194
東京都中央区日本橋小伝馬町17－6	03-3639-9360
東京都港区芝3－4－11　芝シティビル	03-5444-3241
茨城県守谷市本町384	0297-48-1132（古谷）
千葉県東葛飾郡沼南町鷲野谷字城山146	04-7193-6571
千葉県我孫子市青山台4－1－9	047-186-2963
群馬県伊勢崎市連取町2355－10	0270-23-4050
神奈川県横浜市港北区太尾町1115	045-542-2480
名古屋市中村区名駅1－1－4 ＪＲセントラルタワーズ12階タワーズプラザ	052-586-7999 （土休日を除く10:00～17:00）
京都府京都市左京区下鴨半木町	075-701-0141
京都府京都市中京区河原町通蛸薬師下る塩屋町344 日新河原町ビル1階	ティーズ･コーポレーション までお問い合わせください。
京都府京都市中京区姉小路通東洞院東入る	075-254-7900
京都府京都市右京区鳴滝泉谷16	075-462-4850
京都府京都市左京区大原勝林院町187	075-744-2409
京都府京都市左京区南禅寺草川町81－8	075-762-3188
京都府京都市中京区錦小路通柳馬場西入る	075-212-2022
京都府宇治市槇島町千足80	0774-25-2402
京都府宇治市神明石塚65	0774-43-1177
京都府京田辺市三山木野神16	0774-62-0230
滋賀県大津市中庄1－22－28	077-523-1118
大阪府吹田市千里万博公園1－7 ABCハウジング千里住宅公園内36	06-6877-8531
大阪府大阪市中央区西心斎橋１－10－19	06-6245-0700
兵庫県西宮市甲東園2－13－9	0798-52-0551
兵庫県西宮市菊谷町8－31	0798-71-2145（株式会社アクア）
兵庫県小野市上本町107－10	0794-62-2365
兵庫県姫路市青山1－2－1	079-266-0048
奈良県奈良市月ヶ瀬尾山2845	07439-2-0131
岡山県倉敷市三田124－1	086-461-1150

ームページでご確認ください。http://www.suikinkutsu.net/ ☎ 075(813)7321
ます。

水琴が体験できる場所紹介（敬称略順不同）

	No	施設名
北海道	1	名寄市立大学
関東	2	第９堀ビル
	3	株式会社トータルヘルスデザイン　東京元気アップショップ
	4	長龍寺
	5	城山聖地霊園
	6	きっさ梟
	7	上武緑化株式会社
	8	西山建材店
中部	9	ＪＲセントラルタワーズ12階タワーズプラザ
関西	10	京都府立植物園
	11	日新河原町ビル1階
	12	こども相談センターパトナ（京都市教育相談総合センター）
	13	西寿寺
	14	宝泉院
	15	羅組奄
	16	楽水舎
	17	学校法人京都文教学園
	18	学校法人心華学園みのり幼稚園
	19	正覚寺
	20	膳所焼美術館
	21	エス・バイ・エル株式会社千里展示場（MINCA）
	22	株式会社尼伊　宝石店
	23	学校法人仁川学院　聖フランチェスコ小聖堂内
	24	一○堂
	25	染織工芸サロンかけひ
	26	教専寺
	27	月ヶ瀬行政センター前公園
中国	28	アコオ憩いの家倉敷三田

①上記は2008年11月現在の情報です。最新情報は、有限会社ティーズ・コーポレーショ
②イタリアアッシジの聖フランチェスコ大聖堂は、観光客の立ち入れない中庭に設置され

● Profile

大橋 智夫（おおはし・としお）

有限会社ティーズ・コーポレーション代表取締役。京都大学農学部在学中は水利工学を専攻し、音が心理に及ぼす影響を研究、日本の音文化に注目した音空間デザインを手がけてきた。中でも日本独特の文化である水琴窟（すいきんくつ）を現代に復活させ、進化させた功績は、国内外で高く評価されている。聖フランチェスコ大聖堂（世界遺産）に世界平和を祈念して水琴窟を寄贈するプロジェクト実行委員長を務め、ローマ法王との謁見も果たした。水滴共鳴音にある癒し効果を精製するシステム「水琴」を開発し、ミラノサローネ2005に出展。また、JR京都駅ビル、JR名古屋駅ビル、愛・地球博2005などでも利用され、癒しのサウンドツールとして注目されている。水の波動エネルギーを住空間に利用する新しい取り組みで各界とコラボレーション展開中。

● 主な経歴

1990　京都大学農学部農業工学科（水利工学専攻）卒業
1996　ティーズ・コーポレーション創業
1998　CD「京都音風景～水琴窟の調べ」「京都音風景～声明の語らい」プロデュース
1999　イタリア「サンタチェチリア世界音楽祭」に日本代表メンバーとして参加
「ヒーリングシティ京都企画」で京都市より観光ベンチャー企業事業プラン部門奨励賞受賞
「紅秋の夕べ、大原宝泉院ライトアップ多次元幻想空間」イベントプロデュース（1999-2004）
2003　「水琴窟の響きプロジェクト」実行委員長を務め、イタリア聖フランチェスコ大聖堂から感謝状受領
世界学術研究アカデミー財団（アメリカ）から国内外の水琴窟普及活動に対して世界学術研究アカデミー賞受賞
2004　NHK京都文化センター講師
2005　イタリアミラノサローネ、愛・地球博「地球に愛をこめて」に出展
2006　イタリアアッシジ平和の祈り大会へ参加、ローマ法王ベネディクト16世猊下と謁見
2007　株式会社船井ビジョンクリエイツプロデュースによる「イヤシロチ探訪」DVDおよび定期的に開催されているイヤシロチ探訪セミナー京都編ナビゲーターを務める（継続中）。
（http://www.funaivisioncreates.com/iyashirochi/index.html）
2008　著書『流すだけで運気が上昇する魔法のCDブック』（ビジネス社）を発売

この間、水琴を全国各地へ設置、講演多数
ホームページアドレス　http://www.suikinkutsu.net/
大橋智夫のメルマガはホームページから登録できます。
★書籍の感想文を添えてメルマガに登録すると、期間限定プレゼント実施中

流すだけで運気が上昇する魔法のCDブック

2008年５月６日　第１刷発行
2008年11月11日　第９刷発行

著　者　大橋智夫
発行者　鈴木健太郎
発行所　株式会社ビジネス社
〒105-0014　東京都港区芝3-4-11（芝シティビル）
電話　03（5444）4761（代表）
http://www.business-sha.co.jp

カバーデザイン＆本文デザイン／八柳匡友
カバー印刷／近代美術株式会社　　本文印刷・製本／株式会社廣済堂
〈編集担当〉瀬知洋司　〈営業担当〉山口健志

ISBN978-4-8284-1430-0